AF316075

Leeds Polytechnic

Calverley Street Leeds LS1 3HE Telephone: 0532 41101

With the Compliments of **The Librarian**

EXPOSITION RÉTROSPECTIVE

SECTION I

NOTE EXPLICATIVE

des Objets exposés par

HAKUBUTSU-KAN (MUSÉE)

(MINISTÈRE DE LA MAISON IMPÉRIALE)

ET PAR LE

MINISTÈRE DE L'INSTRUCTION PUBLIQUE

TOKIO (Japon)

COMMISSARIAT IMPÉRIAL DU JAPON

152, rue de la Pompe, PARIS

PARIS

IMPRIMERIE ET LIBRAIRIE CENTRALES DES CHEMINS DE FER

IMPRIMERIE CHAIX

SOCIÉTÉ ANONYME AU CAPITAL DE SIX MILLIONS

Rue Bergère, 20

1889

NOTE EXPLICATIVE

DES

Photographies des Objets antiques

EXPOSÉES PAR

HAKUBUTSU-KAN

A L'EXPOSITION UNIVERSELLE DE PARIS

1889

PRÉFACE

L'étude des antiquités est une source principale qui fournit de nouvelles inventions, c'est-à-dire en développant les facultés intellectuelles des hommes elle favorise le progrès de la civilisation. Les pays civilisés doivent donc s'efforcer à cette étude; et c'est pourquoi ils établissent les expositions rétros-pectives.

En effet, le Gouvernement français n'a pas omis d'établir une section spéciale dans l'Exposition universelle de Paris de 1889, et il invite plusieurs pays à y exposer des objets anti-ques concernant les industries et les arts, dans le but d'en instruire le monde, en montrant toutes les révolutions opérées dans les industries et dans les arts.

Le Gouvernement japonais a accepté avec empressement cette invitation et s'engage à y présenter des objets relatifs aux quatre articles suivants : construction, peinture, sculpture et makie (sorte de laque).

Cependant, il n'est non seulement pas possible de trans-porter des grands monuments dans un pays d'outre-mer si éloigné, mais encore il est impossible d'imiter les chefs-d'œuvre d'un grand nombre d'artistes célèbres de tous les temps passés. Nous sommes donc obligés à nous contenter d'exposer les photographies avec la présente note explicative.

D'ailleurs, le makie, quoiqu'il ne se trouve pas dans le pro-gramme donné par le Gouvernement français, est placé dans ces articles parce que l'art du makie n'est connu dans aucun pays de l'Europe et qu'il n'existe qu'au Japon où on travaille merveilleusement depuis plusieurs siècles. Makie est une œuvre bien délicate pour embellir les ustensiles, les meubles, etc. Sa fabrication consiste à dessiner d'abord avec du laque, une figure, par exemple, sur la face d'un objet que l'on veut travailler, et à appliquer sur cette figure la poudre d'or ou d'argent qu'on soumet ensuite au polissage.

Ou bien quelquefois on opère, dans sa fabrication, l'incrustation de nacre et celle de plaques métalliques plus ou moins minces, soit directement dans le corps de l'objet, soit dans la première couche de laque appliquée sur sa face, et on recouvre après les pièces incrustées d'une couche de laque transparent de sorte qu'on puisse les distinguer à travers.

Enfin, nous craignons que les petites photographies ne permettent aux yeux d'examiner la finesse, l'élégance et le goût que possèdent tous les objets réels ; mais nous ne doutons pas que l'on ne puisse se rendre compte de leur valeur d'une manière générale.

Février 1889, à Tokio.

SHOROKUI N. YAMATAKA
Directeur du Musée Impérial,
Officier du Soleil Levant,
Commandeur de la Légion d'Honneur de France,
Commandeur de Saint-Maurice et Saint-Lazare d'Italie,
Chevalier de François-Joseph d'Autriche.

EXPOSITION RÉTROSPECTIVE

SECTION I

NOTE EXPLICATIVE

des Objets exposés par

HAKUBUTSU-KAN (MUSÉE)

(MINISTÈRE DE LA MAISON IMPÉRIALE)

ET PAR LE

MINISTÈRE DE L'INSTRUCTION PUBLIQUE

TOKIO (Japon)

PREMIÈRE PARTIE

Construction.

1. Kon-dō (nom d'un bâtiment) du temple de Horiuji situé dans la province de Yamato.

Ce bâtiment fut construit par le prince Shiō-Toku-Taishi, sous le règne de l'empereur Suiko en 590 après J.-C.

La longueur du bâtiment est d'environ 16^m,39 et la largeur d'environ 13^m,69. Le toit est en tuiles; les colonnes et les corridors sont laqués rouge; et toutes les parties sculptées sont colorées.

Dans l'intérieur du bâtiment est placée la statue de Yakushi (nom d'un dieu de l'Inde).

Sur toutes les faces intérieures des murs est représenté en peinture le sujet de Saizio-ōkio (nom d'un livre de prières du Bouddhisme): la photographie de cette peinture se trouve au nº 1 dans la partie de Peinture.

Ce bâtiment est le plus ancien de tous ceux qui existent actuellement au Japon; mais les colonnes sculptées d'un dragon, placées aux quatre coins de la partie située entre les deux toits, furent ajoutées plus tard.

2. *Tour à cinq étages du temple de Horiuji de la province de Yamato.*

Cette tour construite à la même epoque que le bâtiment Kon-dō (voir nº 1), a environ 45ᵐ,45 de hauteur et une superficie d'environ 10 mètres sur 10 mètres à la base,

Le mode de sa construction est à peu près semblable à celui de Kon-dō. Dans l'intérieur de la tour sont placées la statue de Monju et celle de Jiō-mio (Monju et Jiō-mio sont les noms de deux dieux de l'Inde).

Les colonnes du cinquième étage ont été ajoutées plus tard comme celles de Kon-dō.

3. *Azekura (nom d'un bâtiment) du temple de Jiu-rin-in de la province de Yamato.*

Ce bâtiment, dont l'étendue à la base est presque de 2 mètres sur 2 mètres, fut construit sous le règne de l'empereur Suiko, c'est-à-dire vers 590 après J.-C., en plaçant les unes sur les autres, des pièces de bois blanc de section triangulaire.

Sur la face intérieure des battants de la porte d'entrée sont représentées les images de Shiten-nô (nom de quatre dieux de l'Inde). Les pierres sculptées représentant seize Zen-jin (nom de dieux de l'Inde) servant de soubassement furent transportées plus tard d'un autre endroit; et les tuiles du toit furent aussi rajoutées postérieurement.

Cet Azekura est placé actuellement dans Hakubutsu-kan (Muséum de Tokio).

4. Kon-dō (nom d'un bâtiment) du temple de Tōshiō-daiji de la
province de Yamato.

Ce bâtiment construit sous le nom de Tchiōshiu-do dans le courant du règne de l'empereur Gen-mio, c'est-à-dire en 710 après J.-C. fut transporté postérieurement dans ce temple.

Ce bâtiment laqué rouge, sauf toutes les parties sculptées qui sont colorées, a environ 21^m,51 de hauteur, 33^m,33 de largeur et 21^m,81 de profondeur.

Le toit est en tuiles et porte aux deux extrémités de son faîte deux Kutsugatas (poissons imaginaires).

Dans l'intérieur du bâtiment on trouve les statues de Rushana, de Yakushi et de Kannon (nom de trois dieux de l'Inde). Ces trois statues ont chacune 4^m,25 de hauteur environ.

5. Tour à tambour du temple de Tōshiōdaiji de la province de
Yamato.

Cette tour colorée fut construite à la même époque que Kon-dō du même temple (voir n° 1). Dans son étage supérieur un tambour est suspendu.

Il existait autrefois un clocher semblable à cette tour.

6. Tour à six étages du temple de Yakushiji de la province de
Yamato.

Cette tour en bois, construite en 730 après J.-C., a environ 34^m,85 de hauteur et 10^m,60 de côté à sa base.

Cette tour n'est pas colorée; son toit est en tuiles.

Dans l'intérieur de la tour est placée une statue de Bouddha.

Autrefois une autre tour semblable existait à son côté, mais elle fut consumée par le feu, en 1597 après J.-C.

7. Azekura du temple de Tōdaiji, à Nara, province de Yamato
(dit Sho-zo-in).

Ce bâtiment construit à la même époque que le bâtiment Daibutsu-den (voir n° 21), c'est-à-dire en 740 après J.-C., a environ 54^m,54 de largeur et 11 mètres de profondeur.

Ce bâtiment, qui a trois portes, fut construit avec des pièces de bois blanc ayant la section triangulaire. Le toit est en tuiles.

Dans l'intérieur du bâtiment sont conservés des objets de Shiomu-tenno (45me empereur du Japon) et de Köken-tennō (46me impératrice) et d'autres objets antiques.

Le grand bâtiment principal du temple fut incendié, mais cet Azekura existe encore et tenu par les soins de la maison impériale.

8. *Hō-ō-do (nom d'un bâtiment) du temple de Biō-dō-in, à Uji, province de Yamashiro.*

Ce bâtiment fut construit par Fujiwara-Yorimitchi (nom d'une personne) en 1054 après J.-C. Il est laqué rouge, excepté les parties sculptées colorées ; et l'on remarque sur le toit, aux deux extrémités du faîte, deux oiseaux de paradis dorés qui peuvent prendre la direction du vent en tournant sur leurs axes.

Ce bâtiment, composé de deux étages, a un corridor de chaque côté. A l'extrémité de chaque corridor se trouve un petit bâtiment figurant les deux ailes d'un oiseau. Le plafond du rez-de-chaussée est subdivisé en plusieurs petits carrés et incrusté de nacre. Sur les faces intérieures des trois portes et sur les faces intérieures des murs est exécutée une peinture représentant le sujet de Jiodō-kuhon (nom d'un livre de prières du Bouddhisme), peinture signée par M. Takuma-Tamenari, grand peintre de cette époque.

Dans l'intérieur du bâtiment on remarque une statue d'Amida (nom d'un dieu de l'Inde).

9. *Grande porte du sud du temple de Tōdaiji, à Nara, province de Yamato.*

Cette porte construite en 1197 après J.-C., a environ 34^m,84 de largeur sur 21^m,50 de profondeur.

Le toit est en tuiles ; la balustrade de l'étage supérieur, les colonnes et les portes de tous les étages sont toutes colorées.

Dans les deux compartiments se trouvant sur la façade de la porte sont placées deux statues de Kongōrikishis (dieux de l'Inde) et dans les compartiments adossés aux premiers se trouvent des statues de lions en pierre.

La photographie de ces Kongōrikishis se trouve aux n°s 5 et 6 dans la partie de Sculpture.

10. *Kin-kaku (signifie bâtiment d'or) du temple de Rokuenji, a Kitayama de la province de Yamashiro.*

(Ce bâtiment est ainsi nommé parce que son plafond, sa balustrade et ses murs sont tous dorés.)

Ce bâtiment, composé de trois étages, fut construit en 1399 après J.-C. par Ashikaga-Yoshimitsu (nom d'un shogun de cette époque).

Il a environ 11 mètres de hauteur, 10 mètres de largeur et 7ᵐ,24 de profondeur.

Le toit, qui est fait avec de petites planches, porte un oiseau de paradis doré sur le sommet.

Dans l'intérieur sont installées les statues d'Amida et de Kannon (noms de dieux de l'Inde) et celle de ce shogun.

11. *Gin-kaku (signifie bâtiment d'argent) du temple de Jishoji, à Higashiyama de la province de Yamashiro.*

(Il est ainsi nommé parce que toute sa surface est argentée, quoiqu'elle ne soit plus brillante.)

Gin-kaku fut bâti en 1410 après J.-C., par Yoshimasa, petit-fils du shōgun Ashikaga-Yoshimitsu.

Ce bâtiment, composé de deux étages, a environ 10 mètres de hauteur, 8ᵐ,18 de largeur et 5ᵐ,15 de profondeur.

Le toit est fait avec de petites planches de bois Hinoki (espèce de sapin, mais beaucoup plus précieux).

Au rez-de-chaussée se trouve une statue de Kannon (nom d'un dieu de l'Inde).

12. *Hi-un-kaku (nom d'un bâtiment) du temple de Honganji situé dans la rue Nishi-rokujo de la capitale Saikyo.*

Ce bâtiment, construit par le grand Taico en 1584 après J.-C., dans le château de Juraku-jio, fut transporté plus tard dans ce temple.

Le toit est fait avec de petites planches de bois Hinoki (espèce de sapin, mais beaucoup plus précieux). On employa pour sa construction du bois blanc avec du bois précieux de la Chine; et on se servit de laque noir qu'on appliqua sur quelques points de la surface extérieure pour lui donner une belle apparence.

13. *Porte de Karamon (signifie porte chinoise) du temple de Hon-ganji (même temple que le précédent).*

(Cette porte est ainsi nommée à cause de sa forme semblable à celle de la porte chinoise.)

Cette porte fut construite d'abord en 1600 après J.-C., à Toyokunisha d'où elle fut transportée plus tard dans ce temple. (Toyokunisha est le nom du temple où le grand Taicō fut enterré.)

Le toit est fait avec les écorces d'arbre Hinoki (espèce de sapin, mais beaucoup plus précieux).

Sur les pièces de bois placées sous le toit et sur les battants des portes, des oiseaux, des plantes et des animaux sont sculptés très minutieusement.

14. *Porte de Yomeimon (nom d'une porte) du temple de Tōshiōgu, à Nikko, situé dans la province de Shimotsuke.*

Ce temple, qui est considéré comme la sépulture du shôgun Yeyasu, fut construit par son petit-fils Yemitsu, en 1619 après J.-C.

Cette porte se trouve entre les deux autres portes (intérieure et extérieure) du même temple. Elle a environ 7$^\mathrm{m}$,27 de largeur sur 3$^\mathrm{m}$,63 de profondeur.

La forme du toit est celle qu'on appelle Kara-hafu.

La balustrade est laquée noir ; les colonnes et les corridors sont peints blanc ; toutes les garnitures en métal sont dorées ; les parties sculptées sont peintes de cinq différentes couleurs.

Dans le compartiment de chaque côté de la porte est placée une statue de Zui-shin (homme de garde) prenant l'arc à la main et portant les flèches sur le dos.

Cette photographie représente la face postérieure de la porte.

15. *Porte de Karamon (voir n° 13) du temple précédent.*

Cette porte, qui est une des trois portes citées au numéro précédent et qui est la plus rapprochée du temple de Tōshōgu, fut construite à la même époque que ce temple.

Elle fut construite avec du bois précieux de la Chine sur

lequel sont sculptés des dragons, des tigres, des lions, des oiseaux, des fleurs, etc.

Toutes les garnitures en métal sont dorées ou argentées.

Sur le toit on remarque quatre animaux en cuivre qui ressemblent au tigre.

La photographie représente la face d'un côté de la porte.

16. *Tour à cinq étages du temple de Horiuji, situé à Yasaka de la capitale Saikyo.*

Cette tour fut construite en 1620 après J.-C. Toute sa surface extérieure est colorée.

Dans l'intérieur de la tour on trouve les statues de Bouddha, d'Akan, de Hôshio et de Dainitchi (noms de quatre dieux de l'Inde).

L'espèce de balcon que l'on voit au cinquième étage était destiné autrefois pour le poste des guetteurs.

Avant la construction de cet édifice, une autre tour semblable avait été construite vers 600 ans après J.-C., par le prince Shiô-tôku, sous le règne de l'empereur Suiko; mais après plus de mille ans, ayant été ruinée, elle fut remplacée par celle-là.

17. *Porte de Shisoku-mon (nom d'une porte) du temple de Kôtokuji situé dans le quartier de Shitaya de Tokio.*

Cette porte fut construite avec du bois blanc, en 1630 après J.-C.

Les artistes la prennent pour modèle à cause de sa construction parfaite.

18. *Tour à cinq étages du temple d'Asakusa de Tokio.*

Cette tour se trouve à côté du bâtiment principal du temple.

Elle fut construite en 1648 après J.-C., par les deux artistes Kihara-Yoshihisa et Suzuki-Nagatsune, sur l'ordre du shôgun Yemitsu.

Elle a environ 33^m,60 de hauteur et une superficie de 12^m,72 carrés à sa base. Toute sa surface extérieure est laquée rouge, excepté les parties sculptées qui sont colorées. Le toit est couvert de plaques de cuivre.

Dans l'intérieur est installée une statue de Gotchi-ni-rai (nom d'un dieu de l'Inde).

La grille qui entoure le pied de la tour fut placée récemment.

19. *Porte de Yashamon (nom d'une porte) du temple du shōgun Yemitsu, à Nikko, province de Shimotsuke.*

Cette porte fut construite en 1652 après J.-C.

Elle est laquée noir, sauf les parties sculptées qui sont colorées.

La photographie représente la porte de Yashamon et celle de Karamon.

20. *Porte de Karamon du temple du shōgun Yemitsu, à Nikko, province de Shimōtsuke.*

Cette porte se trouve entre ce temple et la porte de Yashamon (voir n° 19).

Le mode de sa construction est à peu près semblable à celui de la porte de Yashamon.

La photographie donne la vue de la porte de Karamon et celle de Yashamon.

21. *Daibutsu-den (nom d'un édifice) du temple de Tōdaiji, à Nara, province de Yamato.*

Ce grand bâtiment fut construit en 1694 après J.-C., avec du bois blanc. Il a environ 89^m,10 de largeur et 58^m,18 de profondeur, et contient 96 colonnes.

Le toit est en tuiles. Dans l'intérieur de ce bâtiment est placée une statue colossale de Rushana (nom d'un dieu de l'Inde) qui est assis.

Cette statue a la hauteur de 16^m,21, et est bien renommée sous le nom de Daibutsu de Nara, à cause de sa grandeur. (Daibutsu signifie grand dieu.)

22. *Porte du tombeau du shōgun Yenobu du temple de Zōjōji de Tokio.*

Cette porte fut construite en 1714 après J.-C. Ses colonnes et ses battants ont en bronze.

Cette photographie donne la vue du tombeau du même shōgun regardé de cette porte.

23. *Kon-dō (nom d'un bâtiment du temple de Kongōhoji, à Kōyasan, nom d'une montagne de la province de Ki-i .*

Ce bâtiment fut construit en 1845 après J.-C.

Son étendue à sa base est d'environ 38^m,18 carrés. Il est en bois blanc ; mais la surface intérieure du bâtiment est dorée.

Le toit est en cuivre.

Dans l'intérieur de ce bâtiment sont placées les statues de Yakushi-niorai, de Kongō-satta et de Kongō-obosatsu (noms de trois dieux de l'Inde).

Avant sa construction avaient été bâties, l'une après l'autre, quelques autres tours semblables dont la première fut construite en 820 après J.-C. par le grand bonze Kō-bō; mais ces autres tours furent successivement consumées par le feu.

24. *Shisin-den du palais de Saikyo.*

Shisin-den (nom d'une pièce du palais de l'Empereur) fut construit en 1859 après J.-C. d'après le modèle ancien.

Ce bâtiment a la hauteur d'environ 30^m,90 et la profondeur de 20^m,90. Il est construit entièrement en bois d'arbre Hinoki (espèce de sapin, mais beaucoup plus précieux) et son toit en écorces du même arbre.

Dans la cour, en face du bâtiment, sont plantés un cerisier et un arbre Tatchibana (famille de l'arbre oranger).

25. *Seirio-den (nom d'une pièce du palais) du palais impérial de Saikyo.*

Ce bâtiment en bois d'arbre Hinoki (espèce de sapin, mais beaucoup plus précieux) fut construit en même temps que Shisin-den (voir n° 24). Il a environ 19^m,09 de largeur sur 13^m,90 de profondeur.

Le toit est en écorces d'arbre Hinoki.

Dans la cour, en face de cette pièce, sont plantés des bambous.

DEUXIÈME PARTIE

Peintures et Dessins.

1. *Peintures sur les murs de Kon-dō (nom d'un bâtiment) du temple de Horiuji de la province de Yamato.*

Ces peintures exécutées directement sur les murs par l'artiste Kuratsukuri-Tori, représentent, d'après le sujet de Saijō-ōkiō (nom d'un livre de prières), le paradis de Tōbō-Yakushi, le paradis de Saihō-Mida, le paradis de Nampō-Akan et le paradis de Hoppō-Hōshiō.

La plus grande de ces peintures a la dimension de 3ᵐ,03 sur 2ᵐ,50 et la plus petite de 3ᵐ,03 sur 1ᵐ,51 environ.

Cette photographie est celle d'une partie de ces peintures. (La photographie de Kon-dō se trouve dans la partie de la construction.)

L'artiste Kuratsukuri-Tori était un célèbre sculpteur sous le règne de l'empereur Suiko, c'est-à-dire vers 600 après J.-C.

2. *Image de Dizō-son (nom d'un dieu de l'Inde).*

Cette image exécutée vers 930 après J.-C. avec différentes couleurs par le peintre Kose Kimmotchi, fils du célèbre peintre Kose-Kanaoka, sur un morceau de soie dont la dimension est de 1ᵐ,11 sur 0ᵐ,31 environ, représente le portrait de Dizō-son (nom d'un dieu de l'Inde) se montrant dans les nuages.

Cette image est conservée aujourd'hui à Hakubutsu-kan (Muséum de Tokio).

3. *Image d'Amida-butsu (nom d'un dieu de l'Inde).*

Cette image fut exécutée vers 1070 après J.-C. par le peintre Kasuga-Motomitsu sur un morceau de soie bleu foncé ayant la dimension de 1ᵐ,28 sur 0ᵐ,54 environ.

Cette image est conservée actuellement à Hakubutsu-kan (Muséum de Tokio).

4. *Dessin de fantaisie.*

Ce dessin exécuté par le bonze Kaku-yu sur une feuille de papier, avec de l'encre de Chine, représente des oiseaux et des animaux de différentes manières.

Cette feuille, qui a la dimension de 0ᵐ,30 sur 0ᵐ,83 environ, est une partie d'un Makimono (sorte de rouleau).

Le bonze Kaku-yū, nommé Daiso-jō (dignité ecclésiastique supérieure du Bouddhisme), habitait Toba (nom d'un lieu de la province de Yamato). Il était très renommé en dessin; et ce fut lui qui inventa la mode du dessin de fantaisie. Il est mort en 1140 après J.-C.

Ce dessin est conservé aujourd'hui à Hakubutsu-kan (Muséum de Tokio).

5. *Peinture exécutée sur la couverture d'un vieux livre de prières.*

Ce livre, composé de plusieurs feuilles d'éventail pliées en deux, a environ 0ᵐ,25 de hauteur, 0ᵐ,25 de largeur à la partie supérieure et 0ᵐ,10 de largeur à la partie inférieure.

Cette peinture représente une dame de cour avec différentes couleurs.

L'artiste de cette peinture est inconnu; mais on pense que ce livre fut fait vers 1190 après J.-C.

Ce livre est conservé à Hakubutsu-kan (Muséum de Tokio).

6. *Peinture exprimant Engi (origine) de Mandara (endroit d'assemblée des dieux de l'Inde) du temple de Taima de la province de Yamato.*

Cette peinture représente l'histoire de l'origine de Mandara du paradis figuré par Tchiujo-hōni (nom d'une religieuse célèbre), elle est sur tissu fait avec des fils tirés des tiges de nénuphar.

Cette peinture forme deux longs Makimonos (sorte de rouleau) qui ont chacun 0^m,48 de largeur.

Cette peinture fut exécutée par le peintre Sumiyoski-Keion, vers 1201 après J.-C.

Cette photographie représente une partie de ces Makimonos.

Ces Makimonos sont conservés au temple de Kōmiōji, à Kamakura de la province de Sagami.

7. *Portrait d'un grand poète Fujiwara-Atsutada.*

Ce poète est un des trente-six poètes choisis du Japon.

Ce portrait fut exécuté en couleurs par le peintre Fujiwara-Nobuzane sur une feuille de papier qui a la dimension de 0^m,27 sur 0^m,23 environ.

Ce peintre Fujiwara-Nobuzane, mourut en 1265 après J.-C.

Ce portrait est conservé par M. Hagiwara-Tarō (de la province de Kanagawa).

8. *Peinture représentant la conduite de Hōnen-shiōnin (fondateur de la religion Jiōdo-shū qui est une des religions japonaises).*

Cette peinture représente avec différentes couleurs toute la vie de ce fondateur qui mourut en 1214 après J.-C.

Cette peinture complète se compose de quarante-huit Makimonos (Makimono, sorte de rouleau) en papier qui ont chacun 0^m,31 de largeur.

Cette photographie représente une partie de ces Makimonos.

Cette peinture fut exécutée par le peintre Tosa-Yoshimitsu, vers 1300 après J.-C.

Ces Makimonos sont conservés au temple de Taimaji de la province de Yamato.

9. *Dessin représentant des enfants pasteurs.*

Ce dessin fut exécuté à l'encre de Chine par le vieux bonze Kaō sur une feuille de papier ayant la dimension de 0^m,36 sur 0^m,40 environ.

Ce bonze mourut en 1346 après J.-C.

Ce dessin est conservé par M. Guejō-Masao (de Tokio).

10. *Paysage.*

Ce paysage fut exécuté vers 1429 après J.-C. par le bonze Shūbun à l'encre de Chine sur une paire de paravents à six feuilles.

Cette photographie est celle du paysage d'un paravent entier.

Ces paravents sont conservés par le noble Matsudaira-Shigeaki (de Tokio).

11. *Peinture représentant les combats de la guerre de neuf ans.*

Cette peinture représente les combats de la guerre qui éclata vers 1159 après J.-C. entre Minamotono-Yoriyoshi et Abeno-Sadatō dans la province de Mutsu, et qui dura pendant neuf ans.

Cette peinture fut exécutée vers 1442 après J.-C. par le grand peintre Tosa-Mitsuhiro en différentes couleurs sur un long Makimono (sorte de rouleau) qui a la largeur de 0^m,30.

Cette photographie est celle d'une partie de cette peinture.

Ce Makimono est conservé à Hakubutsu-Kan (Muséum de Tokio).

12. *Peinture représentant l'enfer.*

Cette peinture exécutée vers 1442 après J.-C. par le bonze Keitei sur une feuille de papier, en différentes couleurs, représente l'état de l'enfer.

Elle forme un long Makimono (sorte de rouleau) ayant la largeur de 0^m,26.

Cette photographie est celle d'une partie de cette peinture.

Cette peinture est conservée par M. Kawasaki-Tchitora (province de Aiti).

13. *Dessin représentant un Chinois et un cheval.*

Ce dessin fut exécuté vers 1460 après J.-C. par le grand peintre Oguri-Shiutan avec de l'encre de Chine sur une feuille de papier ayant la dimension de 0^m,33 sur 0^m,46 environ.

Le dessin est conservé par M. Haébara-Naojirō (de Tokio).

14. *Portrait d'une fille chinoise.*

Ce portrait, qui est celui d'une fille nommée Reishōjō, fut exécuté par le peintre Suga-Dasoku avec des couleurs claires sur une feuille de papier ayant la dimension de 1 mètre sur 0^m,40 environ.

Ce peintre mourut en 1485 après J.-C.

Ce portrait est conservé par M. Yashiro-Oto (de Tokio).

15. *Paysage.*

Ce paysage fut exécuté par le bonze Sessiu avec des couleurs claires sur un long Makimono (sorte de rouleau) en papier ayant la largeur d'environ 0^m,40.

Cette photographie est celle d'une partie.

Le bonze Sessiu mourut en 1508 après J.-C.

Le Makimono est conservé par le noble Mōri-Motonori (de Tokio).

16. *Peinture d'une cascade.*

Cette peinture fut exécutée vers 1470 après J.-C. par le peintre Singē-Ami avec des couleurs claires sur une feuille de papier ayant la dimension de 0^m,07 sur 0^m,33 environ.

Cette peinture est conservée par M. Yamataka-Shinri (de Tokio).

17. *Image de Monju-Bosatsu (nom d'un dieu de l'Inde).*

Cette image fut exécutée vers 1510 après J.-C. avec de l'encre de Chine par le bonze Shō-Kei, sur une feuille de papier ayant la dimension de 0^m,89 sur 0^m,28 environ.

Cette image est conservée par M. Meada-Kangio (de Tokio).

18. *Peinture représentant l'histoire de Kannon (nom d'un dieu de l'Inde) du temple de Kyomizu.*

Cette peinture fut exécutée en couleurs par le peintre Tosa-Mitsunobu sur trois Makimonos (sorte de rouleau) en papier qui ont chacun la largeur d'environ 0^m,33.

Cette photographie est celle d'une partie de la peinture.

Le peintre Tosa-Mitsunobu mourut en 1527 après J.-C.

Ces Makimonos sont conservés à Hakubutsu-kan (Muséum de Tokio).

19. *Paysage.*

Ce paysage fut exécuté en couleurs claires par le peintre Kano-Masanobu sur une feuille de papier ayant la dimension de $0^m,73$ sur $0^m,28$ environ.

Ce peintre mourut en 1552 après J.-C.

Le paysage est conservé à Hakubutsu-kan (Muséum de Tokio).

20. *Paysage.*

Ce paysage fut exécuté à l'encre de Chine par le peintre Kano-Motonobu sur une feuille de papier ayant la dimension de $0^m,46$ sur $0^m,92$ environ.

Ce peintre mourut en 1571 après J.-C.

Le paysage est conservé par le noble Date-Munemoto (de Tokio).

21. *Peinture d'un lion.*

Cette peinture fut exécutée en différentes couleurs par le peintre Kano-Kuninobu sur un paravent doré à six feuilles.

Ce grand peintre mourut en 1592 après J.-C.

Le paravent est conservé par le noble Môri-Motonori (de Tokio).

22. *Peinture des Japonais.*

Cette peinture exécutée très minutieusement, vers 1634 après J.-C., en différentes couleurs par le peintre Iwasa-Matabé-Katsushigé, sur un paravent doré à six feuilles, représente des Japonais et des Japonaises de cette époque.

Cette photographie est celle de trois des feuilles de ce paravent.

Ce peintre, bien renommé sous le nom de Ukiyo-Matabé, représentait très habilement en peinture les modes japonaises de cette époque.

Le paravent est conservé par le noble Ji-Naonori (de Tokio).

23. *Portrait d'une femme poète célèbre.*

Ce portrait, exécuté vers 1670 après J.-C., par Kano-Mori-nobu, en différentes couleurs sur un morceau de soie ayant la dimension de 0^m,33 sur 0^m,26 environ, est celui d'une fille de la maison des Fujiwara.

Cette fille, qui vivait vers 1260 après J.-C., est comptée parmi les trente-six poètes célèbres du temps moderne.

Ce peintre mourut en 1675 après J.-C.

Deux albums qui contiennent ce portrait et les portraits des trente-cinq autres poètes, sont conservés à Hakubutsu-kan (Muséum de Tokio).

24. *Portrait d'une femme japonaise.*

Ce portrait, exécuté vers 1690 après J.-C., en couleurs différentes par le peintre Hishikawa-Kitchibé-Moronobu, sur un morceau de soie ayant la dimension de 0^m,63 sur 0^m,32 environ, est celui d'une femme de cette époque.

Ce portrait est conservé à Hakubutsu-kan (Muséum de Tokio).

25. *Peinture des fleurs et des plantes.*

Cette peinture fut exécutée avec de différentes couleurs par le peintre célèbre Ogata-Kōrin sur une paire de paravents dorés à six plis.

Cette photographie est celle d'un paravent entier.

Ce grand peintre mourut en 1718 après J.-C.

Ces paravents sont conservés par le noble Iwakura-Tomo-sada (de Tokio).

26. *Dessin des hirondelles.*

Ce dessin représentant des hirondelles volant au-dessus des vagues, fut exécuté avec de l'encre de Chine par le grand peintre Hanabusa-Nobuka, sur un morceau de soie ayant la dimension de 1 mètre sur 0^m,46 environ.

Ce grand peintre, bien connu sous le nom de Ittio, mourut en 1726 après J.-C.

Ce dessin est conservé par le noble Inaba-Masakuni (de Tokio).

27. *Peinture des oiseaux aquatiques.*

Cette peinture de canards sauvages fut exécutée avec des couleurs claires par le peintre Maruyama-Okio sur un paravent en soie à six feuilles.

Cette photographie est celle de deux plis de ce paravent.

Ce grand peintre mourut en 1797 après J.-C.

Le paravent est conservé par le noble Date-Muneki (de Tokio).

28. *Peinture des fleurs et des oiseaux.*

Cette peinture représentant des plantes. des fleurs, des oiseaux, etc., en différentes couleurs sur deux longs Makimonos (sorte de rouleau) en soie ayant la largeur d'environ 0^m,31 fut exécutée par le bonze Bun-sen.

Cette photographie est celle d'une partie de la peinture.

Ce bonze, renommé en peinture sous le nom de Hôitsu, mourut en 1830 après J.-C.

Les deux Makimonos sont conservés à Hakubutsu-kan (Muséum de Tokio).

29. *Paysage.*

Ce paysage de deux couleurs, bleue et verte, sur un morceau de soie ayant la dimension de 1^m,70 sur 1^m,18 environ, fut exécuté par le peintre Tani-Buntchio.

Ce célèbre peintre mourut en 1841 après J.-C.

Le paysage est conservé par M. Yamataka-Shinri (de Tokio).

30. *Peinture des fleurs.*

Cette peinture représentant des branches d'arbres divers, fut exécutée avec des couleurs claires par le peintre Tinzan, sur deux longs Makimonos (sorte de rouleau) en soie ayant la largeur de 0^m,33 environ.

Cette photographie est celle d'une partie de la peinture.

Ce peintre mourut en 1854 après J.-C.

Cette peinture est conservée par M. Yamataka (de Tokio).

TROISIÈME PARTIE

Sculptures et Gravures.

1. *Statue de Kannon à neuf figures (nom d'un dieu de l'Inde)
en bois.*

Cette statue fut exécutée par le sculpteur Kuratsukuri-Tori, vers 600 après J.-C.

Elle a la hauteur d'environ 0^m,33.

Elle est installée dans Yumēdono (nom d'un bâtiment) du temple de Horiuji de la province de Yamato.

2. *Statue de Kannon à onze figures (nom d'un dieu de l'Inde)
en bois.*

Cette statue a la hauteur d'environ 0^m,42 ; les cheveux, les sourcils, les yeux, les lèvres, les habits et le siège en fleurs de nénuphar sont colorés.

L'artiste de cette statue est inconnu, mais on pense qu'elle fut exécutée vers 590 après J.-C.

Cette statue est conservée par M. Kashiwagi-Kaitchiro (de Tokio).

3. *Gravure sur bois représentant Jūni-shin-shō (nom d'un dieu
de l'Inde).*

Ce portrait a la hauteur d'environ 0^m,77. On ne peut plus bien distinguer ses couleurs, car elles sont détachées presque entièrement.

L'artiste est inconnu, mais on pense qu'il fut exécuté vers 1090 après J.-C.

Ce portrait est placé dans Higashi-Kondō (nom d'un bâtiment) du temple de Kofukuji de la province de Yamato.

4. *Statue de Jūni-shin-shō (nom d'un dieu de l'Inde) en bois.*

Cette statue a la hauteur d'environ 0ᵐ,76.

On ne peut plus distinguer ses couleurs, parce qu'elles sont presque détachées.

Le nom de l'artiste est inconnu, mais on pense qu'elle fut exécutée vers 1190 après J.-C.

Autrefois elle était à Nara, province de Yamato, mais elle est actuellement installée à Hakubutsu-kan (Muséum de Tokio).

5. *Statue de Niō (nom d'un dieu de l'Inde), en bois, placée dans le compartiment droit de la porte du sud du temple de Tōdaiji, à Nara, province de Yamato.*

Cette statue fut exécutée par les deux sculpteurs Unkei et Kwaikei en 1203 après J.-C.

Elle a la hauteur d'environ 8ᵐ,05.

6. *Statue de Niô, en bois, placée dans le compartiment gauche.*

Cette statue fut exécutée par les deux sculpteurs Unkei et Kwaikei en 1203 après J.-C.

Elle a la hauteur d'environ 8ᵐ,05.

7. *Statue d'Amidabutsu (nom d'un dieu de l'Inde), en bois.*

Cette statue fut exécutée par le sculpteur Kwaikei en 1210 après J.-C.

Elle a la hauteur d'environ 1 mètre. Les yeux sont en cristal ; ses vêtements sont ornés de fleurs et de feuilles de nénuphar formées avec des fils d'or qui ne brillent plus, ayant été noircis par la fumée.

8. *Statue d'un démon, en bois.*

Cette statue est celle d'un démon portant sur son épaule une lanterne en cuivre.

Elle fut exécutée par le sculpteur Norihashi-Kōben en 1215 après J.-C.

Elle a la hauteur d'environ 1ᵐ,10 ; les yeux sont en cristal, ses couleurs ne se distinguent plus, étant détachées entièrement.

Cette statue était installée d'abord dans Kon-dō (nom d'un bâtiment) de l'ouest du temple de Kōfukuji de la province de Yamato; mais elle fut transportée plus tard au temple de Kasugajinja de la même province, où elle est installée actuellement.

9. *Statue d'un démon, en bois.*

Cette statue exécutée par le sculpteur Koben, représente un démon portant une lanterne sur la tête et étant enlacé d'un dragon.

Elle a la hauteur d'environ 1^m,38.

Elle est conservée au temple de Kasuga-jinja (voir numéro précédent).

10. *Statue d'un valet de Shitennō (nom de dieux de l'Inde), en bois.*

Cette statue fut exécutée en 1240 après J.-C., par le sculpteur Kōen.

Elle a la hauteur d'environ 0^m,32; les yeux sont en cristal; le corps est coloré.

Elle est conservée par M. Kishi-Kokei (de Tokio).

11. *Statue en bois de Dizō (nom d'un dieu de l'Inde).*

Elle a la hauteur d'environ 0^m,60; ses yeux sont en cristal; le corps est coloré.

Le nom de l'artiste est inconnu; mais on pense qu'elle fut exécutée vers 1290 après J.-C.

Elle est conservée par le noble Sano-Tsunetami (de Tokio).

12. *Statue de Shiō-Kannon (nom d'un dieu de l'Inde), en bois.*

Elle a la hauteur d'environ 1^m,03; les yeux sont en cristal, le corps est doré et coloré.

Le nom de l'artiste est inconnu, mais on pense qu'elle fut exécutée vers 1290 après J.-C.

Elle est conservée à Hakubutsu-kan (Muséum de Tokio).

13. *Masque pour Gigaku (espèce de danse ancienne qui n'existe plus).*

Ce masque, qui ressemble à la figure d'un démon, a la hauteur d'environ 0^m,26, sur la largeur de 0^m,16.

Les couleurs, verte et bleue, qui sont seules appliquées sur sa face sont presque détachées.

Il fut exécuté vers 1311 après J.-C.

Il est conservé au temple d'Amano-jinja, à Kōyasan de la province de Ki-i.

14. *Statue de Saigiō (nom d'un bonze), en bois.*

Cette statue a 0^m,47 de hauteur; elle fut exécutée vers 1356 après J.-C., par Hō-in-Keishin.

Elle est conservée à Hakubutsu-kan (Muséum de Tokio).

15. *Statue de Bouddha (nom d'un dieu de l'Inde), en bois.*

Cette statue a la hauteur de 1 mètre; les yeux sont en cristal; tout le corps est en laque d'or.

Elle fut exécutée vers 1380 après J.-C., mais le nom de l'artiste est inconnu.

Elle est conservée à Hakubutsu-kan (Muséum de Tokio).

16. *Masque pour Bugaku (espèce de danse de cérémonie qui existe au Japon depuis 412 après J.-C.).*

Ce masque a la hauteur d'environ 0^m,21, sur la largeur de 0^m,15 ; il est coloré rouge et noir.

Il fut exécuté vers 1390 après J.-C., mais on ne connaît pas le nom de l'artiste.

Il est conservé au temple d'Amano-jinja, à Kōyasan de la province de Ki-i.

17. *Masque pour Bugaku (voir n° 16).*

Ce masque a la hauteur de 0^m,19, sur la largeur de 0^m,14 environ; la couleur blanche appliquée sur toute sa face est détachée presque entièrement.

Il fut exécuté vers 1390 après J.-C., mais le nom de l'artiste n'est pas connu.

Il est conservé au temple d'Amano-jinja, à Koyasan de la province de Ki-i.

18. *Masque pour Bugaku* (voir nº 16).

Ce masque a la hauteur de 0^m,25, sur la largeur de 0^m,18
environ ; toutes ses couleurs, verte et bleue, appliquées sur sa
face, sont presque détachées.

Il fut exécuté vers 1390 après J.-C., mais le nom de l'artiste
est inconnu.

Il est conservé à Hakubutsu-kan (Muséum de Tokio).

19. *Masque pour Bugaku* (voir nº 16).

Ce masque a la hauteur d'environ 0^m,36, sur la largeur
de 0^m,23. La couche mince d'or appliquée sur toute sa face
est presque détachée.

Il fut exécuté vers 1390 après J.-C., mais le nom de l'artiste est inconnu.

Il est conservé à Hakubutsu-kan (Muséum de Tokio).

20. *Masque pour Nōgaku (sorte d'opéra qui existe au Japon
depuis 1409 après J.-C.).*

Ce masque a la hauteur d'environ 0^m,19, sur la largeur
de 0^m,16.

La face est couverte d'une couche blanche.

On pense qu'il fut exécuté vers 1390 après J.-C., mais le
nom de l'artiste est inconnu.

Il est conservé à Hakubutsu-kan (Muséum de Tokio).

21. *Masque pour Nōgaku* (voir nº 20).

Ce masque a la hauteur de 0^m,20, sur la largeur de 0^m,16
environ.

Sa face est couverte d'une couche blanche. On pense qu'il
fut exécuté vers 1390 après J.-C.

Il est conservé à Hakubutsu-kan (Muséum de Tokio).

22. *Masque pour Kiōgen (sorte de comédie).*

Il a la hauteur de 0^m,18, sur la largeur de 0^m,14 environ.
La face est couverte d'une couche blanche.

On pense qu'il fut exécuté vers 1390 après J.-C.

Il est conservé à Hakubutsu-kan (Muséum de Tokio).

23. *Masque pour Kiôgen* (voir n° 22).

Il a la hauteur de 0^m,18, sur la largeur de 0^m,16 environ.
Il fut exécuté en 1420 après J.-C., par le sculpteur Hôrai.
Il est conservé à Hakubutsu-kan (Muséum de Tokio).

24. *Masque pour Nôgaku* (voir n° 20).

Ce masque a la hauteur de 0^m,21 sur la largeur de 0^m,13 environ.
La couleur de sa face est blanche.
Il fut exécuté vers 1820 après J.-C., par l'artiste Zekan,
Il est conservé à Hakubutsu-kan (Muséum de Tokio).

25. *Masque pour Nôgaku* (voir n° 20).

Ce masque a la hauteur d'environ 0^m,19 sur la largeur de 0^m,14. La couleur de la face est celle de la complexion de l'homme.
Il fut exécuté vers 1730 après J.-C., par Demei-Mitsunori.
Il est conservé à Hakubutsu-kan (Muséum de Tokio).

QUATRIÈME PARTIE

Makie ou laque d'or.

---

1. *Fourreau d'un ancien sabre japonais.*

Ce sabre qui fut porté par Shiômu-tennô, quarante-cinquième empereur du Japon, a la longueur totale de 1 mètre environ.

Le fourreau est à fond en laque noir, recouvert de laque transparent, incrusté d'or représentant des oiseaux, des animaux, etc.

Le nom de l'artiste du fourreau est inconnu ; mais on pense qu'il fut fabriqué vers 736 après J.-C.

Le sabre est conservé avec le fourreau à la maison impériale, et on le trouve depuis quelque temps dans le temple Sho-Zoin (province de Nara).

2. *Hô-ô-maru Karabitsu (nom d'une boîte).*

Cette boîte est ainsi nommée à cause de son dessin de Hô-ô-maru (Hô-ô veut dire oiseau de Paradis, et maru arrondi).

Elle a la longueur de 1^m,10, la largeur de 0^m,68 et la hauteur de 0^m,52 environ.

Cette boîte est en laque noir incrusté de nacre représentant l'oiseau de paradis.

La face intérieure du couvercle de la boîte est en laque transparent avec dessins.

L'artiste est inconnu, mais on pense qu'elle fut fabriquée vers 724 après J.-C.

Cette boîte est conservée à la maison impériale.

3. *Boîte à écharpe de bronze.*

Cette boîte a la longueur de 0^m,52, la largeur de 0^m,42 et la hauteur de 0^m,05 environ.

Elle est en laque transparent, qui recouvre le fond en laque noir incrusté d'or et d'argent, représentant des grues portant à leurs becs des branches de pin.

La face intérieure de la boîte est en laque avec dessins aussi minutieux que ceux de l'extérieur.

Elle fut fabriquée vers 790 après J.-C., mais le nom de l'artiste est inconnu.

. Cette boîte est conservée à la maison impériale.

4. *Petite boîte ou boîte portative.*

Cette boîte a la longueur de 0^m,33, la largeur de 0^m,22 et la hauteur de 0^m,13 environ.

Cette boîte, incrustée de nacre représentant une roue et un courant d'eau, est recouverte de laque transparent.

La face intérieure de la boîte est aussi recouverte de laque transparent, avec dessins, des fleurs, des plantes, des oiseaux, etc.

Elle fut fabriquée vers 990 après J.-C., mais on ne connaît pas le nom de l'artiste.

Cette boîte est conservée à la maison impériale.

5. *Petite boîte ou boîte portative.*

Cette boîte, à fond en or jaune et rouge incrusté de nacre représentant un dessin, a la longueur de 0^m,39, la largeur de 0^m,26 et la hauteur de 0^m,22 environ.

La face intérieure du couvercle de la boîte est en laque transparent avec dessins. Et sur la face intérieure du corps est appliquée une pièce de donsu (nom d'une étoffe qui ressemble au damas).

Cette boîte fut fabriquée vers 1140 après J.-C., mais le nom de l'artiste est inconnu.

Cette boîte est conservée par le noble Doi-Toshitomo (de Tokio).

6. *Boîtes à parfums.*

1° La première boîte, en laque d'or incrusté de nacre représentant des petits oiseaux et des plantes, a la longueur de 0^m,08, la largeur de 0^m,06 et la hauteur de 0^m,03 environ.

La face intérieure est aussi en laque d'or avec dessins très fins.

Elle fut fabriquée vers 1190 après J.-C., mais le nom de l'artiste est inconnu,

2° La deuxième boîte, qui a une forme cylindrique, a le diamètre extérieur de 0^m,12 et la hauteur de 0^m,03 environ.

Cette boîte est en laque transparent incrusté d'or représentant des fleurs de chrysanthème, des flots et des oiseaux.

Elle fut fabriquée vers 1240 après J.-C., mais le nom de l'artiste n'est pas connu.

Ces deux boîtes sont conservées à Hakubutsu-kan (Muséum de Tokio).

7. *Boîte à Makimono (sorte de rouleau).*

Cette boîte, à fond en laque noir recouvert de laque transparent incrusté d'or représentant des dessins en relief et en plat, a la hauteur de 0^m,20, la longueur de 0^m,45 et la largeur de 0^m,33 environ.

Elle fut fabriquée vers 1310 après J. C., mais le nom de l'artiste est inconnu.

Cette boîte est conservée à la maison impériale.

8. *Petite boîte ou boîte portative.*

Cette boîte, en laque incrusté d'or représentant en relief des pruniers et des pins, a la longueur de 0^m,32, la largeur de 0^m,24 et la hauteur de 0^m,16 environ.

Elle fut fabriquée vers 1410 après J.-C., mais on ne connaît pas le nom de l'artiste.

Cette boîte est conservée par le noble Tokugawa-Yoshinori (de Tokio).

9. *Petite boîte ou boîte portative.*

Cette boîte, à fond en laque noir recouvert de laque transparent incrusté d'or et de nacre représentant en relief un éventail, un oiseau et un casque, a la longueur de 0ᵐ,37, la largeur de 0ᵐ,33 et la hauteur de 0ᵐ,13 environ.

La face intérieure est également en laque d'or avec dessins.

Elle fut fabriquée vers 1510 après J.-C., mais on ne connait pas le nom de l'artiste.

Cette boîte est conservée par le marquis Hatchisuka (de Tokio).

10. *Petite table.*

Cette table basse, ayant la longueur de 0ᵐ,57, la largeur de 0ᵐ,34 et la hauteur de 0ᵐ,12 environ, est en nashiji (poudre d'or semée recouverte de laque transparent), incrusté d'or, d'argent et de nacre représentant des rochers, des flots, des chrysanthèmes, etc.

L'envers du dessus de la table qui a l'épaisseur d'environ 0ᵐ,01, est également en nashiji clair.

Elle fut fabriquée vers 1590 après J.-C., mais le nom de l'artiste est inconnu.

Cette petite table est conservée à Hakubutsu-kan (Muséum de Tokio).

11. *Boîte à Suzuri (écritoire Suzuri est une sorte de godet en pierre dont on se sert pour délayer l'encre de Chine).*

Cette boîte en laque incrusté de plomb et d'argent représentant un petit bateau et des caractères (en relief), a la longueur de 0ᵐ,24, la largeur de 0ᵐ,23 et la hauteur de 0ᵐ,12 environ.

Elle fut fabriquée par l'artiste Honnami-Koetsu, vers 1630 après J.-C.

Cette boîte est conservée à Hakubutsu-kan (Muséum de Tokio).

12. *Boîte à Suzuri* (voir nº 11).

Cette boîte en laque transparent avec dessin représentant des œillets, a la longueur de 0ᵐ,20, la largeur de 0ᵐ,18 et la hauteur de 0ᵐ,05 environ.

Elle fut fabriquée par l'artiste Harumasa, vers 1629 après J.-C.

Cette boîte est conservée à Hakubutsu-kan (Muséum de Tokio).

13. *Boîte à Suzuri* (voir nº 11).

Cette boîte à fond en laque noir, incrusté d'or et d'argent représentant des dessins, recouvert de laque transparent, a la longueur de 0^m,24, la largeur de 0^m,22 et la hauteur de 0^m,05 environ.

Sur les faces intérieures du corps et du couvercle de la boîte sont représentés les dessins recouverts de laque transparent.

Elle fut fabriquée par l'artiste Koman-Kiui, vers 1629 après J.-C.

Cette boîte est conservée à Hakubutsu-kan (Muséum de Tokio).

14. *Petite boîte ou boîte portative.*

Cette boîte en nashiji (voir nº 10) inscruté d'or et d'argent représentant des caractères et des dessins, a la longueur de 0^m,24, la largeur de 0^m,21 et la hauteur de 0^m17, environ.

Elle fut fabriquée vers 1669 après J.-C., mais on ne connaît pas le nom de l'artiste.

Cette petite boîte est conservée à Hakubutsu-kan (Muséum de Tokio).

15. *Boîte à Suzuri* (voir nº 11).

Cette boîte en laque avec dessins (lac: laque transparent; et le reste : en relief) a la longueur de 0^m,25, la largeur de 0^m,23 et la hauteur de 0^m,05 environ.

La face intérieure du couvercle est également en laque avec dessins (les flots: laque transparent et le reste : en relief.

Elle fut fabriquée par l'artiste Shiomi vers 1710 après J.-C.

Cette boîte est conservée à Hakubutsu-kan (Muséum de Tokio).

16. *Boîte à parfums.*

Cette boîte à fond en laque Giōbu (nom de l'inventeur) avec dessins en relief, a la longueur de 0^m,25, la largeur de 0^m,17 et la hauteur de 0^m,18 environ.

Elle fut fabriquée vers 1710 après J.-C., mais le nom du fabricant est inconnu.

Cette boîte est conservée à Hakubutsu-kan (Muséum de Tokio).

17. *Boîte à Suzuri* (voir n° 11).

Cette boîte à fond en laque noir inscrusté de plomb et de nacre représentant des dessins, a la longueur de 0^m,28, la largeur de 0^m,23 et la hauteur de 0^m,15 environ.

Elle fut fabriquée par l'artiste Kōrin, vers 1710 après J.-C.

Cette boîte est conservée à Hakubutsu-kan (Muséum de Tokio).

18. *Étagère à livres.*

Cette étagère à fond en laque noir incrusté d'or représentant un dessin en relief, recouvert de laque transparent, a la longueur de 0^m,71, la largeur de 0^m,38 et la hauteur de 0^m,68 environ.

Elle fut fabriquée vers 1720 après J.-C., mais le nom de l'artiste est inconnu.

Cette étagère est conservée à Hakubutsu-kan (Muséum de Tokio).

19. *Boîte à cachet (boîte dont on se sert pour y mettre le cachet et qu'on suspend à la ceinture, à l'aide d'un cordon).*

Cette boîte à fond en or avec dessins noirs recouverts de laque transparent, a la hauteur de 0^m,08, la longueur de 0^m,07 et la largeur de 0^m,02 environ.

Elle fut fabriquée par l'artiste Kanshiōsai-Tōyō, vers 1769 après J.-C.

Cette boîte est conservée par le marquis Hatchisuka (de Tokio).

20. *Deux boîtes à cachet* (voir n° 19).

1° La première boîte est en laque avec dessins, a la hauteur de 0^m,08, la longueur de 0^m,05 et la largeur de 0^m,02 environ.

La face intérieure est en nashiji (voir n° 10).

Elle fut fabriquée par l'artiste Kan-sai, vers 1809 après J.-C.

2º L'autre boîte, à fond en or rouge avec dessins (grues
en relief, et soleil levant recouvert de laque transparent) a la
hauteur de 0^m,08, la longueur de 0^m,05 et la largeur de 0^m,02
environ.

Elle fut fabriquée par l'artiste Kō-min, vers 1830 après J.-C.

Ces deux boîtes sont conservées à Hakubutsu-kan (Muséum
de Tokio).

EXPOSITION RÉTROSPECTIVE

SECTION I

DESSINS DES OBJETS ANTIQUES

Arrangés par S. TSUBOÏ

EXPOSÉS PAR

LE MINISTÈRE DE L'INSTRUCTION PUBLIQUE

Pl. I. — Kjökkenmödding trouvé à Nisikaizukamura (district de Yamana, province de Tôtômi).

Pl. II. — Les objets en pierre, en os et en corne.

Pl. III. — Les poteries faites dans la même époque que les objets en pierre.

Pl. IV. — Idoles en terre faites dans la même époque que les objets en pierre.

Pl. V. — Objets d'ornementation faits dans la même époque que les objets en pierre.

Pl. VI. — Cloche, sabre, tête de flèche en bronze.

Pl. VII. — Ancien tombeau trouvé sur la montagne Takakura (district de Watarae, province de Isé).

Pl. VIII. — Dolmen à Yamadamura (district de Sikitô, province de Harima).

Pl. IX. — Cercueil en pierre à Okuhirano (district de Setridò, province de Harima).

EXPLICATION DES PLANCHES

SUR

L'ANTHROPOLOGIE AU JAPON

PAR

S. TSUBOÏ

Rigakushi à l'Université impériale du Japon.

EXPLICATION DES PLANCHES

SUR

L'ANTHROPOLOGIE AU JAPON

PAR

S. TSUBOÏ

Rigakushi à l'Université impériale du Japon.

DIVISION I

Sur le Kjokkenmodding et les objets de l'âge de pierre.

Les *Kjokkenmoddings*, dont on peut suivre la trace dans l'habitation du peuple de l'âge de pierre, se trouvaient dispersés par tout l'Empire, en s'étendant depuis l'île de Kiushiu, au Sud, jusqu'à celle de Hokkaido, au Nord. D'après mes expériences, les endroits où se trouvait un grand nombre de *Kjokkenmoddings*, sont aux environs de Tokio. Le premier qui a recherché scientifiquement est le professeur E.-S. Morse, qui a découvert le *Kjokkenmodding* à Omori, près de Tokio, en 1878. Depuis qu'il a fait l'étude une fois, les gens qui s'occupent de la recherche des *Kjokkenmoddings*, deviennent bien nombreux graduellement, et les objets en pierre, les poteries, les coquilles et les os d'animaux trouvés par eux, sont collectionnés dans l'Université impériale, au musée de Tokio, et à la Société anthropologique de Tokio.

Dans des localités où il n'y avait pas, ou très peu de *Kjokkenmodding*, on venait même de découvrir des objets de l'âge de pierre. Ces objets-là étaient sans doute l'ouvrage des hommes antérieurs à notre époque.

PLANCHE 1.

Coquillier de Nishikaïzukamura, Yamanagori, province Totomi.

La partie blanche représente des amas de coquilles, et la tache grise représente des morceaux de poteries cassées. Le terrain s'abaisse du côté de la rivière jusqu'à la mer, tandis qu'il s'élève, au contraire, peu à peu de l'autre côté. On peut donc bien comprendre l'état dans lequel il était dans l'ancien temps. Ce coquillier a été découvert en mai 1887.

PLANCHE 2.

Objets de pierre, d'os et de corne.

1° $0^m,90$ de longueur. Il est gardé dans Meguromura Ebaragori, province de Musashi. Il a été trouvé dans ce village.

2° $0^m,90$ de longueur. Il a été trouvé à Oyamura, Hikigori, province de Musashi.

3° $0^m,60$ de longueur. L'endroit où il a été découvert est inconnu.

4° $0^m,48$ de longueur. Il a été trouvé dans un village, province de Mino.

5° $0^m,23$ de longueur. C'est une hache qu'on a faite en aiguisant le tranchant de pierre plate et naturelle. Elle a été trouvée à Harutachimura, province de Hitaka.

6° $0^m,22$ de longueur. L'endroit où il a été découvert est inconnu.

7° $0^m,12$ de hauteur. C'est un objet en pierre, usé à l'extrémité. Il a été trouvé à Oshon, Oshorogori, province de Shiribeshi.

8° $0^m,90$ de diamètre. L'objet est en pierre plate et ovale, avec concavités sur deux faces. Il s'est trouvé à Ashikaga, province de Shimotsuke.

9° Une espèce de pointe de flèche ou lance. La véritable dimension est un peu plus petite. Trois (*e. k.* et *h.*), ont été trouvées à Aburakomamura, Horoizümigori, province de Hitaka, et les autres à Nambuke, dans la même province.

10° C'est une pierre plate, entaillée, deux lignes parallèles, $0^m,08$ de diamètre. Elle a été trouvée à Truzurekomura, Akitagori, province de Ugo.

11° $0^m,36$ de longueur. C'est une pierre à repasser de hache de pierre. Elle a été trouvée à Hakodate.

12° 0^m,14 de longueur. C'est une hache aiguisée artificiellement. Elle a été trouvée à Odate, Akitagori, province de Ugo.

13° 0^m,10 de longueur. C'est une hache aiguisée artificiellement, avec les tranchants. Elle a été trouvée à Garugawa,
Sapporo, province de Ishikari.

14° 0^m,10 de longueur. C'est une hache, elle a été trouvée à
Kitakatamura, Katsushikagori, province de Shimosa.

15° 0^m,13 de longueur. C'est un objet en corne de daim.

16° 0^m,06 de longueur. C'est aussi un objet en corne de
daim.

17° 0^m,035 de longueur. C'est une aiguille en os de poisson.

18° 0^m,50 de longueur. C'est une aiguille en os de poisson.

Ces quatre derniers articles ont été trouvés à Omori, Ebaragori,
province de Musashi.

PLANCHE 3

Poteries de l'âge de pierre.

Les poteries n'ont pas d'empreinte d'enduit de glaise et de
façonné au tour, mais elles semblent avoir été pressées par la
corde de paille ou la grosse toile. Leurs formes et leurs embel-
lissements sont variés. La terre, mélangée avec du mica, est
généralement grise.

Le tableau suivant indique les dimensions et les endroits où
ont été découvertes les poteries représentées dans cette
planche.

	LOCALITÉS	HAUTEURS
1	Omori, Ebaragori, prov. de Musashi . . .	0^m,242
2	Temiya, Takashimagori, prov. de Shiribeshi	0^m,093
3	Temiya, Takashimagori, prov. de Shiribeshi	0^m,148
4	Omori, Ebaragori, prov. de Musashi	0^m,125
5	Temiya, Takashimagori, prov. de Shiribeshi	0^m,083
6	Okadaira, prov. de Hitachi	0^m,110
7	Okadaira, prov. de Hitachi	0^m,300
8	Temiya, Takachimagori, prov. de Shiribeshi	0^m,070
9	Temiya, Takachimagori, prov. de Shiribeshi	0^m,183

PLANCHE 4.

Idoles de l'âge de pierre.

Les statues en terre, de l'âge de pierre, ont été trouvées plutôt à Kamegaoka, de la province de Mutsu, que dans d'autres provinces. La terre est la même que celle des autres objets de terre. D'après ce que j'ai vu jusqu'à présent, une seule idole est représentée nue, et toutes les autres sont vêtues. Le visage d'une grande idole est fait d'une manière étrange. Je ne sais pas si l'on avait donné la forme de masque ou celle de divinité que l'on imaginait comme telle figure.

Le tableau ci-après indique les grandeurs et les endroits où elles ont été découvertes.

	LOCALITÉS	HAUTEURS
1	Kamegaoka, Nishitsugaru, prov. de Mutsu .	0^m,070
2	Kamegaoka, Nishitsugaru, prov. de Mutsu .	0^m,040
3	Kamegaoka, Nishitsugaru, prov. de Mutsu .	0^m,090
4	Kamegaoka, Nishitsugaru, prov. de Mutsu .	0^m,350
5	Nishigahara, prov. de Musashi	0^m,060

PLANCHE 5.

Ornements de l'âge de pierre.

On ne connaît pas l'usage de ces objets, comme ils sont recouverts de dessins sur leur surface ou sur leur circonférence, je les désigne, en ce moment, comme des ornements.

	LOCALITÉS	LARGEURS
1	Unokimura, Ebaragori, prov. de Musashi .	0^m,050
2	Omori, Ebaragori, prov. de Musashi. . . .	0^m,080
3	Omori, Ebaragori, prov. de Musashi. . . .	0^m,045
4	Omori, Ebaragori, prov. de Musashi. . . .	0^m,038
5	Omori, Ebaragori, prov. de Musashi. . . .	0^m,060
6	Omori, Ebaragori, prov. de Musashi. . . .	0^m,090

DIVISION II

Bronzes.

Des objets de bronze ont été trouvés très rarement au Japon et l'existence de l'époque de bronze qui se passe généralement entre l'âge de pierre et celui de fer est obscur pour nous ; les bronzes que nous avons rencontrés toujours ne sont que de trois sortes : sabres, pointes de flèches et cloches.

PLANCHE 6.

Sabres, pointes de flèches et cloches.

Les pointes de flèches ont été trouvées, pour la plupart, aux environs de Tokio et dans la province d'Awa (Shikoku) ; les sabres dans les provinces de l'île Kiushu, et les cloches dans les provinces de Chingoken. Les pointes et les sabres ont été trouvés souvent dans des tombeaux, mais les cloches ne s'y trouvaient pas. Le moule de sabre a été trouvé dans les provinces Kinshiu.

	LOCALITÉS	LONGUEURS
1	(?)	(?)
2	Samuki.	$0^m,450$
3	Kiushiu.	$0^m,350$
4	(?)	$0^m,400$
5	(?)	$0^m,850$
6	(?)	$0^m,060$
7	(?)	$0^m,080$
8	Awa (Shikoku).	$0^m,088$
9	Awa (Shikoku).	$0^m,0L0$
10	Awa (Shikoku).	$0^m,045$
11	Awa (Shikoku).	$0^m,055$

DIVISION III

Anciens tombeaux et objets découverts dans les tombeaux.

J'ai désigné ici des cercueils et des cavernes en pierre sous la dénomination de tombeaux. Au Japon, ces reliques ont été trouvées beaucoup plus dans les provinces au sud qu'au nord, mais dans l'île de Hokkaïdo il n'y en avait pas. Tous les objets qui ont été découverts en dedans et en dehors des tombeaux, sont tout à fait différents de ceux de l'âge de pierre et ils nous semblent qu'ils étaient des objets transmis par nos ancêtres. La forme de tombeau est généralement en calebasse et en demi-cercle, de sorte qu'on ne peut pas reconnaître quel côté était le devant. Quoiqu'il y ait des ouvrages en pierre, il s'en est fait généralement en terre entassée. La plupart des tombeaux qui avaient commencé à tomber en ruines nous ont montré une partie de caverne et nous ont désigné la position de la porte. Cependant les cavernes qui permettent d'entrer par la porte naturelle ou artificielle sont assez nombreuses. Des gens qui ignorent les lois anciennes sur les tombeaux, considèrent les cavernes ouvertes avec des portes, comme des domiciles caverneux des hommes anciens, mais c'est une erreur.

PLANCHE 7.

Caverne de pierre du tombeau de Takakurayama, Watarayegori, province de Ise.

Ce tombeau est placé sur la montagne, derrière un temple célèbre. Comme on peut entrer facilement dans la caverne par la porte ouverte, des gens ignorants ne la considèrent pas comme tombeau, mais comme la caverne ou Amaterasuomikami se cacha dans l'ancien temps. Le mur qui ferme deux côtés et le derrière de la caverne, est fait de grandes pierres entassées et le plafond est couvert de neuf morceaux de pierres.

Les dimensions et la direction sont :
Sud-Ouest. Direction.
2^m,00. Largeur de la porte.
3^m,00. Hauteur.
7^m,30. Longueur.

2^m,60. Largeur de chambre (devant).
3^m,00. Largeur de chambre (derrière).
11^m,00. Longueur de chambre.
4^m,00. Hauteur de chambre (au centre).
3^m,70. Hauteur de chambre (pris de mur).

PLANCHE 8.

Ancien tombeau de Yamadamura, Shikitogori,
province de Harima.

Cette planche représente le tombeau dont la terre entassée
avait commencé de tomber et la caverne venait d'apparaître.

PLANCHE 9.

Tombeau, cercueil et caverne en pierre de Okuhiranomura,
Shikitogori, province de Harima.

Il est évident que ce cercueil était, dans l'ancien temps,
une caisse composée de cinq pièces de pierre taillée, avec
un couvercle de pierre taillée en forme de toit, mais comme
il perdait deux pièces de pierre devant et derrière, il a pris
une forme de chaise à porteur. De là vient le nom de chaise
à porteur de pierre.

Sud.   Direction de la caverne.
1^m,00. Hauteur de cercueil.
1^m,20. Largeur de couvercle.
2^m,20. Longueur de couvercle.
0^m,20. Épaisseur de pierre.

PLANCHE 10.

Cercueil en pierre de Suritachiyama, Takamatsu,
province de Sanuki.

Ce cercueil est placé au milieu d'un grand tombeau. Il est
probable qu'il était, dans l'ancien temps, couvert de tas de
pierres, mais il est maintenant nu et son couvercle se sépare
du corps. Sa forme ressemble bien à un bateau, et on lui
donne le nom de bateau de pierre.

0^m,30. Hauteur du couvercle.
0^m,50. Hauteur du corps.

2^m,30. Longueur du corps.
0^m,50. Largeur du corps (d'un côté).
0^m,30. Largeur du corps (d'un autre).

PLANCHE 11.

Tombeau de Shirakunimura, Shikitogori, province de Harima.

Comme le terrain, autour du tombeau, était cultivé, il commence à baisser et prend la forme telle que j'ai fait dessiner sur la planche. Les objets gris, sur le côté du tombeau, représentent des tuyaux de terre qu'on appelle tatemono, qui étaient placés autour des tombeaux dans l'ancien temps.

PLANCHE 12.

Haniwa ou série de tuyaux.

Une série de tuyaux, placés autour d'un tombeau, s'appelle haniwa. Comme les tuyaux qu'on a découverts s'étaient cassés ou tombés par terre, c'est impossible de voir la disposition annulaire faite par les anciens, mais après avoir fait mes recherches sur beaucoup de tombeaux, d'une manière particulière, j'ai fait un dessin ci-après.

PLANCHE 13.

Tuyaux de haniwa.

Les dimensions et les formes de tuyaux sont variées, mais je donnerai ici, comme exemple, les objets découverts à Oyamura, Hikigori, province de Musashi. Il a 1 mètre de longueur. Je pense qu'il avait la forme des bois ou des branches serrés ensemble avec de la corde. D'après l'opinion généralement admise au Japon, l'origine de ces espèces de tuyaux fut à l'époque de l'empereur Suinin, ainsi que les statues et les chevaux en terre.

PLANCHES 14 à 23.

Statues de haniwa.

Dans l'ancien temps, quand des nobles venaient à mourir, leurs domestiques étaient enterrés vivants. L'empereur Suinin pensa à abolir cet usage et consulta sa cour. Nominosukune fit au gouvernement la proposition suivante :

« Placer des statues, fabriquées en terre, à côté des tombeaux, pour remplacer « l'ancien usage. »

L'Empereur l'écouta et ordonna ce nouveau système.

Les statues, figurées dans la planche, ont été découvertes autour de tombeaux. Ces objets, qui servaient à l'empereur Suinin, remontent à deux mille ans environ. Il est probable que l'usage de placer des statues autour des tombeaux continua au moins pendant deux à trois cents ans après cette époque.

Planches	LOCALITÉS	HAUTEURS
14	Oyamura, Hikigori, prov. de Musashi . . .	0ᵐ,450
15	Kakinumamura, Hataragori, prov. de Musashi	0ᵐ,400
16	Oyamura, Hikigori, prov. de Musashi . . .	(?)
17	Chiujomura, Saitamagori, prov. de Musashi.	0ᵐ,650
18	Chiujomura, Saitamagori, prov. de Musashi.	0ᵐ,180
19	Kakinumamura. Hataragori, prov. de Musashi	(?)
20	Chiujomura, Saitamagori, prov. de Musashi.	0ᵐ,180
21	Oyamura, Hikigori, prov. de Musashi . . .	(?)
22	Oyamura, Hikigori, prov. de Musashi . . .	(?)
23	Imafukumura, Ashikagagori, prov. de Shimotsuke	(?)

PLANCHE 24.

Cheval de haniwa.

Des chevaux étaient tués de même que des domestiques, à la mort de leurs maîtres. Depuis, cette habitude a aussi été abolie par Nominosukune.

La figure de cette planche représente des chevaux en terre. Ils ont été trouvés à Oyamura, Hikigori, province de Musashi.

PLANCHES 25 à 29.

Poterie dure et blanche.

Ces poteries s'appellent Iwaïbe généralement. Il ne me semble pas qu'elles étaient glaisées, mais qu'elles commençaient souvent à se vitrifier, par la cuisson, à une grande chaleur. Quelques antiquaires pensent que ces poteries étaient faites à la main, mais je ne suis pas de cet avis, parce qu'il est évident pour moi qu'elles étaient façonnées au tour.

PLANCHES	NUMÉROS	LOCALITÉS	DIAMÈTRE maximum des corps
25	1	Omorimura, Ebaragori, prov. Musashi.	$0^m,255$
»	2	Sugegaya, Shiuchigori, prov. Totomé.	$0^m,131$
»	3	Chikuzen.	$0^m,112$
»	4	Umagatake, Nakatsugori, prov. de Buzen.	$0^m,100$
»	5	Umagatake, Nakatsugori, prov. de Buzen.	$0^m,155$
»	6	Yoshimimura, Yokomigori, prov. de Musashi	$0^m,149$
»	7	Nakayamamura, Kurategori, prov. de Chikuzen	$0^m,147$
»	8	Yoshimimura Yokomigori, prov. de Musashi.	$0^m,175$
»	9	(?)	$0^m,184$
»	10	Nakayamamura Kurategori, prov. de Chikuzen	$0^m,139$
»	11	Umagatake, Nakatsugori, prov. de Buzen.	$0^m,163$
»	12	Omorimura, Kanigori, prov. de Mino.	$0^m,160$
26	1	Yoshimimura, Yokomigori, prov. de Musashi	$0^m,227$
»	2	Omorimura, Ebaragori, prov. de Musashi	$0^m,158$
»	3	Yoshimimura, Yokomigori, prov. de Musashi	$0^m,178$
»	4	Omorimura, Kanigori, prov. de Mino.	$0^m,149$
»	5	Umagatake, Nakatengori, prov. de Buzen.	$0^m,131$
»	6	Umagatake, Nakatengori, prov. de Buzen.	$0^m,170$
27	1	Yoshimimura, Yokomigori, prov. de Musashi	$0^m,200$
»	2	Nakayamamura, Kurategori, prov. de Chikuzen	$0^m,127$
»	3	Iharamura, Tagawagori, prov. de Buzen.	$0^m,222$
»	4	Umagatake, Nakatsugori, prov. de Buzen.	$0^m,098$
»	5	Nakayamamura Kuratagori, prov. de Chikuzen	$0^m,112$
»	6	Kiyamamura, Nakatsugori, prov. de Buzen	$0^m,152$
»	7	(?)	$0^m,230$
»	8	(?)	$0^m,178$

PLANCHES	NUMÉROS	LOCALITÉS	DIAMÈTRE maximum des corps
28	1	Umagatake, Nakatsugori, prov. de Buzen.	$0^m,140$
»	2	(?)	$0^m,114$
»	3	Umagatake, Nakatsugori, prov. de Buzen.	$0^m,068$
»	4	Umagatake, Nakatsugori, prov. de Buzen.	$0^m,100$
»	5	Sugegaya, Shiuchigori, prov. de Totomi.	$0^m,089$
»	6	(?)	$0^m,101$
»	7	Chikuzen.	$0^m,072$
»	8	Umagatake, Nakatsugori, prov. de Buzen.	
»	9	Nakayamamura, Kurategori, prov. de Chikuzen	$0^m,112$ $0^m,092$
»	10	Umagatake, Nakatsugori, prov. de Buzen.	$0^m,090$
»	11	Umagatake, Nakatsugori, prov. de Buzen.	$0^m,035$
»	12	Umagatake, Nakatsugori, prov. de Buzen.	$0^m,065$
»	13	Yoshimimura, Yokomigori, prov. de Musashi	$0^m,090$
»	14	(?)	$0^m,068$
»	15	Umagatake, Nakatsugori, prov. de Buzen.	$0^m,087$
29	1	(?)	$0^m,126$
»	2	Sugegaya, Shiuchigori, prov. de Totomi.	$0^m,151$
»	3	Chikuzen.	$0^m,089$
»	4	(?)	$0^m,161$
»	5	Hanakumamura, Nakatsugori, prov. de Buzen	$0^m,188$
»	7	Sugegaya, Shiuchigori, prov. de Totoni.	$0^m,097$
»	8	Umagatake, Nakatsugori, prov. de Buzen.	$0^m,355$
»	9	(?)	$0^m,188$

PLANCHE 30.

Poteries fragiles et gris-rouge.

Ces poteries ne sont pas si régulières, comme formes, que Qwaïbe. Il me semble qu'elles n'étaient ni glaisées ni tournées. Quelques-uns les désignent sous la dénomination de Hanibe.

	LOCALITÉS	Max. diam. du corps
1	(?)	$0^m,182$
2	(?)	$0^m,132$
3	Nakayamamura, Kurategori, prov. de Chikuzen.	$0^m,127$
4	Umagatake, Nakatsugori, prov. de Buzen .	$0^m,127$
5	(?)	$0^m,125$
6	Nakayamamura, Kurategori, prov. de Chikuzen.	$0^m,112$
7	Kabutoyama, Ozatogori, prov. de Musashi .	$0^m,079$
8	Umagatake, Nakatsugori, prov. de Buzen. .	$0^m,064$
9	(?)	$0^m,067$
10	Kabutoyama, Ozatogori, prov. de Musashi .	$0^m,122$
11	(?)	$0^m,182$
12	(?)	$0^m,185$
13	Onomura, Yatsushirogori, prov. de Higo . .	$0^m,114$

PLANCHE 31.

Objets de pierres précieuses et de métaux découverts dans les tombeaux.

Les figures 1, 2, 7, 8, 9 et 12, représentent les objets d'ornements qu'on portait sur la tête, sur le cou, à la main ou à la jambe, en attachant ensemble un certain nombre de pièces avec de la corde. La matière est, pour la plupart, du cristal de roche, quoi qu'il y eût quelquefois une autre pierre. Il est probable que la forme de double prisme à six côtés était taillée d'après la nature de cette pierre. Quant à la figure 8, il y a différentes opinions, moi je pense qu'elle

était l'imitation de la forme de griffe, de bec de corne, de
dents canines, d'oiseaux et d'animaux. La figure 16 est peut-
être la forme d'un poignard avec fourreau. Ces espèces de
poignards ne sont pas portés par les Japonais maintenant,
mais par des Aïnos. Je pense qu'ils étaient portés, dans l'ancien temps, par les Japonais, et puis adoptés par les Aïnos,
tandis que dans l'intérieur il n'y en a plus.

DIVISION IV

Grottes.

Dans l'île de Hokkaïdo je n'ai vu que quelques grottes à
Temiya, Takashimagori, province de Shiribesbi, mais dans l'île
de Kiushiu et dans les provinces centrales, j'en ai rencontré
beaucoup. Ce sont des cavernes creusées artificiellement à
côté des collines et chaque grotte se composait généralement de la porte d'entrée, bien étroite, et de la grande chambre, dont les dimensions varient de quatre mètres carrés à un
sur deux mètres. Le plafond de la porte est bien bas, mais
celui de la chambre a deux mètres de hauteur. On voit des
chambres meublées en tablettes, ou des lits, et des grottes
composées de plusieurs chambres. Les inscriptions des murs
nous ont donné la preuve que les grottes étaient faites à l'âge
de fer. Quelques antiquaires les considèrent comme l'ouvrage
de l'âge de pierre, mais je ne suis pas de cette opinion.

PLANCHE 32.

Grottes de Sugegaya, Shiuchigori, province de Totomi.

Les grottes se trouvaient dans trois vallées de Sugegaya,
fermées au Nord et ouvertes au Sud. Il y a trois grottes du
côté Est de la vallée Ouest; trente des deux côtés de celle du
milieu, et vingt des deux côtés de celle de l'Ouest.

PLANCHE 33.

Grottes de Kashiyamura, Takatagori, province de Izu.

Dans le village, une centaine de grottes étaient placées
parallèlement et à plusieurs rangs au pied de la colline.
Comme on a cultivé le terrain, la partie antérieure commence
à foncer.

PLANCHE 34.

Grottes de Yoshimimura, Yokomigori, province de Musashi.

Dans le village de Yoshimimura, une vingtaine de grottes ont été découvertes depuis longtemps. Quand je suis allé étudier moi-même en 1887, avec la permission de l'Université Impériale, j'en ai découvert, à nouveau, plusieurs du côté de la colline, et nous en avons maintenant 240 en tout. La planche représente le paysage après la découverte.

PLANCHE 35.

Grottes de Yoshimimura, Yokomigori, province de Musashi.

Quant à cette planche, j'ai fait dessiner exprès une partie de la colline un peu plus grand que la véritable grandeur, parce que c'est moi-même qui ai découvert ces grottes.

PLANCHES 36 et 37.

Chemin de passage et chambre.

La figure du haut représente la coupe perpendiculaire, celle du milieu la coupe horizontale et celle du bas le plan.

PLANCHE 38.

Faces devant la chambre.

Ce sont les coupes perpendiculaires.

PLANCHES 39 à 50.

Douze planches représentant les variétés de la porte.

PLANCHES 51 et 52.

Deux planches représentant l'aspect de la porte, vue de la chambre.

PLANCHE 53.

Cette planche représente les variétés de la forme du plancher.

PLANCHE 54.

Cette planche représente la jonction du plafond et du mur.

PLANCHES 55 ET 56.

Ces planches représentent la variété de la forme du mur.

PLANCHE 57.

Cette planche représente la hauteur du plancher.

PLANCHE 58.

Cette planche représente la variété du bord de lit.

PLANCHE 59.

Cette planche représente la disposition du lit compliqué.

PLANCHE 60.

Cette planche représente l'entaille et le trou sur le bord du lit.

PLANCHE 61.

Cette planche représente la variété du plafond courbé.

PLANCHES 62 à 67.

Ces planches représentent l'intérieur de la chambre.

PLANCHES 68 à 69.

Ces planches représentent la disposition de plusieurs chambres, en plans.

PLANCHES 70 et 71.

Ces planches représentent la disposition de plusieurs chambres de hauteurs différentes, en coupe horizontale. Un arc de lignes pointillées aux deux extrémités de la figure 63, représente la porte d'entrée. La chambre, en lignes pointillées en haut, montre que la coupe horizontale n'est pas au même plan.

DIVISION V

Tatouage des femmes d'Aïnos.

Les femmes d'Aïnos commencent à se tatouer sur la main depuis l'enfance et on achève très joliment au jeune âge. Pour faire cela, on pique d'abord les parties du corps avec des pointes de petits couteaux, et ensuite on impreigne avec du noir de fumée de cuisine.

PLANCHES 72 à 91.

Ces planches représentent, comme exemples, quelques-uns des tatouages faits par les femmes d'Aïnos.

S. TSUBOI,

*Rigakushi (licencié ès sciences) à l'Université
Impériale de Tokio.*

IMPRIMERIE CHAIX, RUE BERGÈRE, 20, PARIS. — 15080-7-9.